Angie Pfeiffer
Alles aus Liebe

AF208969

Angie Pfeiffer

# Alles aus Liebe

Gedichte

Deutsche Erstausgabe
1. Auflage,

© 2024
by Angie Pfeiffer
Alle Rechte vorbehalten
Bilder: Angie Pfeiffer
Herstellung und Verlag:
BoD – Books on Demand,
Norderstedt
ISBN: 9783759703088

# Magie

Es gibt sie, die Magie, die mit ihrer Zauberkraft, ihrem Licht die gemein-samen Räume erhellt.

Es gibt sie, die Liebe, die glücklich macht, eine Botschaft ist zwischen den Zeilen.

Es gibt sie, die Zuversicht, geboren aus Vertrauen, das man empfindet, wenn man liebt.

## Kein Liebesgedicht

Heut' schreibe ich dir ein Gedicht.
Es handelt nicht vom Sternenlicht.
Auch nicht vom Kuss im Mondenschein,
von immer mit dir glücklich sein.

Das Meeresrauschen kommt nicht vor,
es schmettert schmalzend kein Tenor,
Die Sonne nicht im Meer versinkt,
derweil ein Liebeslied erklingt.

Der Wind, er säuselt nicht ganz leise
und singt uns keine sanfte Weise.
Wir schmusen nicht am Meeresbusen,
es küssen uns nicht mal die Musen.

Ein kleiner Vers ist's, unverkrampft,
in dem es nicht vor Tränen dampft.
Ihm fehlen Rosen, Tulpen, Nelken,
bekanntlich werden diese welken.

Was ich dir einfach sagen will
(sei unbesorgt, gleich bin ich still),
ist, dass ich dich ganz dolle mag,
an diesem und an jedem Tag.

## Alles aus Liebe

Für Dich würd' ich vom Fünfer springen
und dabei Arien laut singen.
Dann elegant ins Wasser tauchen
und nachher einen Notarzt brauchen.

Ich könnt' mir's Fahrradfahren beibringen,
mich tapfer in den Sattel schwingen.
Dann gegen eine Mauer knallen
und schmerzhaft auf das Steißbein fallen.

Der Eiffelturm ist kein Problem,
dort Schlittschuhlaufen schon extrem.*
Doch würd' ich das glatt für Dich machen
und noch viel schwierigere Sachen.

Ich fange uns ein Wölkchen ein
ein weißes Schäfchen, noch ganz klein.
Damit umsegeln wir die Welt
und reisen so ganz ohne Geld.

Das alles täte ich Dir zur Liebe,
und hofft', dass diese ewig bliebe.
Doch glaub' ich, Du weißt ohnehin,
dass ich allein DEIN Mädchen bin!

\* Tatsächlich gab es auf dem Eiffelturm einmal eine Eisbahn, auf der man
Schlittschuhlaufen konnte. Ich habe mich leider nicht getraut ;o)

## Noch kann ich

Noch kann ich auf die Piste,
mich ziemlich sexy stylen.
In Highheels lasziv stöckeln,
zu jeder Party eilen.

Noch tret' ich mir beim Joggen
nicht schmerzhaft auf dem Busen,
hab hin und wieder gerne
ein bisschen was zum Schmusen.

Noch kann ich's Leben ändern
und vieles umgestalten.
Die Fahrbahn wieder wechseln,
mich völlig neu entfalten.

Ich kann mich neu verlieben
und Bücher d'rüber schreiben.
Doch wie die Sache aussieht,
werd' ich wohl bei dir bleiben.

Ich könnte, wenn ich wollte!
Gehöre mir allein.
Doch hab' ich mich entschieden
und bin ein bisschen Dein!

## Für deine Liebe würd' ich

Für deine Liebe würd' ich,
verlangtest du's von mir
honorig, ziemlich ernsthaft,
von würdiger Manier.

Aus Liebe würd' ich bieder,
macht' mir die Locken glatt,
verbrenn mein Spitzenmieder,
trüg' Baumwollripp anstatt.

Ich würd' für deine Liebe
Der reinste Engel sein,
sehr sanft und immer folgsam.
Bar jeder Teufeleien.

Sollt' mich der Hafer stechen,
so nähm' ich Baldrian,
macht' eine Yoga Übung,
schaut' mir nen Tierfilm an.

Ach Quatsch, was soll das werden?
Das schaffe ich doch nie!
Kann mich nicht so verbiegen
und wüsste auch nicht wie.

Lass Locken weiter kringeln,
das Mieder bleibt im Schrank,
die Sache mit dem Engel
vergess' ich (Gott sei Dank).

Jedoch für deine Liebe
will ich authentisch sein.
Und willst du mich so haben,
lass ich mich auf dich ein.


## Wünsche

Ich möcht' jetzt gern
kleine Worte tuscheln,
dich ganz und gar verwuscheln,
in weichen Daunen kruscheln,
so die Stunden verkuscheln.
...
nicht weiterdenken,
oder den Kopf verrenken,
einfach Gefühle verschenken.

## Catwoman

Sie hat dich erwählt,
du gehörst jetzt nur ihr.
Kannst sie gerne verwöhnen,
vielleicht schnurrt sie bei dir.

Sie hat's gern bequem,
räkelt träge im Bett.
Du darfst bei ihr liegen,
wenn sie will, ist sie nett.

Und willst du sie kosen,
faucht sie: „Pfoten weg, Mann!"
Doch fehlt dir die Zeit,
dann schmiegt sie sich an.

Sie tändelt herum,
spielt gern mit der Beute.
Doch manchmal verweilt sie,
ist treu dir für heute.

Bei ihr bist du Butter
das weiß sie genau,
darum streichle sie zärtlich,
sonst kratzt sie
*Miau*

# Wie du bist

Der Softie war zu luschig,
der Macho zu viel Mann.
Es passte echt kein Kerl zu mir,
zog mich in seinen Bann.

Gefühle? Gern, im Hintergrund.
Die Liebe nur ein Spiel.
Ein kleiner Flirt, ein Zwischenspiel,
wenn einer mir gefiel.

Ein Kompromiss war mir zu viel,
wollt' keine zweite Wahl.
Bloß kein vor Liebe auf und ab,
das Leben vertikal.

Beziehung, gerne, jederzeit,
doch bitte nicht zu nah.
Es überraschte mich total,
was zwischen uns geschah.

Nun knallst du in mein Leben rein,
und hast mich wachgeküsst.
Ich weiß genau, ich will dich so,
wie du ganz einfach bist.

## Sowas wie Liebe

Ein wirklich komisches Gefühl,
beschäftigt mich zurzeit.
Steh wohl ein bisschen neben mir,
halb panisch, halb erfreut.

Das Leben wie ein ruhiges Meer,
mit seinen eigenen Regeln.
Mein Segelschiff, trieb träg' darauf,
mit ziemlich schlaffen Segeln.

Ich war durchaus zufrieden
Und hatte es doch satt.
Ich schaute träumend in den Mond
und fühlte mich schachmatt.

Und jetzt ganz plötzlich Leben,
und jetzt ganz plötzlich DU.
Du lässt dich gänzlich auf mich ein,
mit dir komm' ich zur Ruh.

Ein Leben so ganz ohne dich,
das will ich niemals führen.
Es wäre so, wie ohne mich,
ich würde mich verlieren.

## Wortloses Versprechen

Ich sah dich zum ersten Mal
und wusste sofort:
es ist richtig zwischen uns.
Du bist mein Seelengegenüber,
meine zweite Hälfte,
mein neues Leben.

Du vertrautest mir
vorbehaltlos.
ich versprach nichts,
doch du wusstest:
was ich dir ungesagt versprach,
würde ich halten.

## So nah

Deine Arme umfangen mich
an jedem Morgen aufs Neue.
Dein Atem in meinem Haar,
deine Berührung, so nah.
Meine Liebe,
weit wie das Meer.

## Winterträume

Sonnenstrahlen lächeln durch das Fenster.
Weiß gepuderte Baumkronen
über winterlichem Land.
Der Morgen atmet leise Stille.

Dein Blick wärmte meine Nacht,
endlos erscheinende Stunden
in schneeweichen Kissen.
Hungrige Küsse auf heißer Haut.
Nur du und ich auf der Welt,
vereint in sanftem Gleichklang.
Wortloses Verstehen
schwebte zwischen uns.

Wieder Kälte auf der Haut
Salzige Tränen benetzen Wimpern.
Sie sind nur für dich.
Augenblicke, schon Erinnerung.
Ein Satz,
geschrieben auf die eisige Fensterscheibe
wärmt mich, lässt mich schweben:

„Bitte warte auf mich!"

## Lichtermeer

Die laue Nacht ist seidenweich,
sie streichelt, schmeichelt,
lässt mich träumen.
Millionen Sterne über mir,
will keinen Augenblick versäumen.

So viele Lichter funkeln hell,
ich fühl' mich plötzlich sehr allein.
Grad lag ich noch in deinem Arm
und könnt' schon wieder bei dir sein.

Dein letzter Kuss, das letzte Glüh'n
ist leider viel zu lange her.
So träum' ich, schau' die Sterne an,
verliere mich im Lichtermeer.

## Wege

Manche Wege,
sind nicht dazu da,
um beschritten zu werden.
Wir sollten sie einfach träumen.

## Zuckerwattewonnefroh

Der Koffer ist randvoll gepackt,
die Schuhe stehen bereit.
So brühe ich mir Kaffee auf,
dafür ist immer Zeit.

Gedanken flattern aufgeregt,
Sie kreisen hin und her.
So lange sahen wir uns nicht,
die Zeit war doch recht schwer.

Des Nachts schaut' ich die Sterne an
und träumte von uns zweien.
Am Tag war ich zerstreut, verwirrt,
fühlte mich so allein.

Du fehltest mir an jedem Tag,
auch wenn ich's dir verschwieg.
Bin ohne dich doch nicht komplett,
hab' dich so schrecklich lieb.

Nun ist der Kaffee kalt und schal,
schmeckt irgendwie nach Stroh.
Ach - das ist mir doch piep egal,
bin zuckerwatte(wonne)froh.

## Sehnsucht

Lass uns einfach losfahren,
wohin die Sehnsucht uns führt.
Vielleicht bis an das Ende der Welt,
wo sich Land und Meer vereinen.

Lass uns einen Platz suchen,
vor unendlichen Zeiten geprägt
von Wasser und Wind.
Dort will ich dich lieben.

Und wenn die Fischerboote heimkehren,
die Nacht ihr samtenes Tuch
ausbreitet,
will ich dich halten, gehalten werden
und träumend die Sterne betrachten.

## Sicherheit

Ich lehne mich zurück,
weil ich weiß:
du stehst hinter mir,
stützt und hältst mich,
unerschütterlich.

*...da begann mein Herz zu wispern*


Als ich gestern Nacht
die Dunkelheit atmete
und die Stille erlauschte,
da begann mein Herz zu wispern
und zu flüstern.

Es erzählte von dir:
Von deinen Augen
wie sie lächeln
und es zum Strahlen bringen.
Von deinen Händen,
die es wärmen
und in Liebe hüllen.
Von Deinen Lippen,
die es mit Küssen überschütten.

Da konnte ich mein Herz
nicht mehr festhalten.
Es erhob sich
und schwebte sanft zu Dir ...

## Zerbrechlich

Mein Herz, es ist Dir anvertraut.
Mal klopft es leis', zuweilen laut
und in gewissen, stillen Stunden,
wenn wir den Anderen gefunden,
dann bubbert es und fliegt Dir zu.
Gibt erst an Deinem Herzen Ruh.

Dort fühlt es Sicherheit, Vertrauen
und will auf Deine Stärke bauen.
Drum fasse es behutsam an,
weil es so leicht zerbrechen kann.
Bewahr' es gut, und gebe acht,
wie schnell ist's Herz kaputt gemacht.

Denn schließlich weiß doch Frau wie Mann,
dass man's nicht reparieren kann.
Mag Lindenberg es auch besingen,
das Herz in eine Zwinge zwingen.
Zuletzt bleibt ein zerbrochenes Teil
es wird durchs Kleben nicht mehr heil!


Doch will ich es dir trotzdem schenken
und nicht mehr an den Herzbruch denken.

## Weißt du noch, Herz?

Hab' dich immer beschützt,
behütet, bewahrt.
So gut wie es ging
mit Gefühlen gespart.

Doch dann kam der Eine,
der dich mir geraubt.
Der uns alles versprach
und wir haben's geglaubt.

Haben Liebe gelernt.
Weißt du's noch, Herz?
Es hat uns erschüttert,
das erste Mal Schmerz.

Denn er ist gegangen,
du hast weiter geschlagen.
Ich trag' sie mit Stolz,
die Verlassenheitsnarben.

Das ist lange her,
wir sind heile geblieben.
Wir lassen uns ein,
wollen immer noch lieben.

Ich verlass' mich auf dich,
du wirst wissen wohin.
Kühler Kopf, heißes Herz,
das ist so, wie ich bin …


*Liebe – wie sie sein sollte*

Verrückt sollte sie sein.
Den Kopf verdrehen,
schweben lassen,
berauschen,
den Atem rauben.

Geheimnisvoll sollte sie sein.
Verborgenen, doch vertraut.
Kleine Berührungen,
verschwiegene Worte,
bis Stille nur noch Wärme spürt.

Sanft sollte sie sein.
Uns wiegen in ihrem Arm.
Verführen mit Sinnlichkeit.
Nehmen, geben - gleichermaßen.

So sollte sie sein, unsere Liebe...

## Augen Blick

Meine Augen, sie suchten,
sind auf Reisen gegangen
und mein Blick, dieser Schlingel
hat sich bei dir verfangen.

Hat sich dann auch sofort
bei dir eingeschmeichelt,
dich ganz zaghaft berührt
und dich zögernd gestreichelt.

Doch dann wurde er frech,
hat auf Lippen gerastet,
dich sehr unbrav umschlungen,
Körperformen ertastet.

Hat gelugt und geäugt,
dann geschaut und geschielt,
deinen Blick kontaktiert
und frech mit ihm gespielt.

Nun ist er verschwunden
Ich find' ihn nicht mehr
Ist wohl bei dir geblieben
und du gibst ihn nicht her.

So kann ich's nicht ändern,
werde hierbleiben müssen
und zur Blickunterstützung
dich besinnungslos küssen.


## *Simsverliebt*

Gestern schickte ich Dir eine SMS.
Gestern schicktest Du mir eine SMS
doch wir werden nichts voneinander lesen
denn . . .
deine SMS,
meine SMS
fanden sich
ganz zufällig
bei Vollmond
im Nirgendwo.
Sie erröteten,
umarmten sich sanft.
Waren gleich sehr verliebt.
So vergaßen sie
ihre Mission
und flogen
eng umschlungen
zu den Sternen.

## Ein schüchternes Wort

Ich habe ein Wort auf den Lippen.
Es stiehlt sich davon,
lugt um die Ecke,
schüchtern und ängstlich.
Es fragt sich,
ob du es hören willst.
Du lächelst uns an,
mein Wort und mich.
Auf deine Art:
verschmitzt und frech
und auch vertrauensvoll.
Da traut es sich zu dir.
Ich schließe mich ihm an.

## Nicht dein Typ

Sie ist nicht dein Typ, sagten die Flüsterer.
Du wirst Sie nicht herumkriegen,
flüsterten die Gutmeiner.
Dir war es egal,
du sahst mich allein mit deinen Augen,
verschenktest dich an mich
und bekamst mich geschenkt.

## Un - sinn

Mein Liebster, komm her,
nimm mich in den Arm.
Das fühlt sich noch gut an,
so sicher und warm.

Wir müssen mal reden:
sag, ist es dir klar?
Hast du es gemerkt?
Es ist nicht mehr wie's war.

Der Rausch ist vergangen,
vom Alltag geklaut.
Wir kennen uns gut,
sind zu sehr vertraut.

Und wenn wir so tun?
Uns einfach nicht kennen?
Zwar flirten und küssen,
den Namen nicht nennen.

Wir treffen uns abends
in einem Hotel,
und lieben uns gierig,
denn bald wird es hell.

Umarmung im Dunkel,
die heimlich geschieht.
Der Rausch einer Nacht,
die allem entflieht.

Nicht denken, nur fühlen,
Vertrautheit vergessen,
Gewohnheit passé,
Abenteuer stattdessen.

Du lächelst, du küsst mich,
bis ich verrückt nach dir bin.
Was wollt' ich nur sagen?
Das war wohl Un - sinn ...

*Lächeln*

Alles ist leicht für mich
und
ich habe Lächellippen.
Nur, weil es dich gibt.

## Sprachgewirre

*Ik hou van je - Ljubim te*
*Wo ai ni - I liäbä di*
*Miluji te - Mo Feran e*
*I love you - Ja tebe kokhaju*
*Ti amo - mitia ianao aho*
*jag älskar dig - I hob Di vuil liab*

Man sagt es gern im schönen Wien,
in Schweden und auf Mandarin.
Slowenen, Briten und Bengalen
flüstern's bei Liebesritualen.

Azzuri singen Eleonore
damit calzone d'amore.
Auf Tschechisch klingt es kompliziert,
Sinhala mich total verwirrt.

Yoruba, Schwizerdütsch, Latein,
verschiedener könnte es nicht sein.
Ein babylonisches Sprachgewirre,
so durcheinander klingt es irre.

Doch ist es nur ein kleiner Satz,
er ist allein für dich, mein Schatz.
Du weißt, was ich dir sagen will.
Und darum bin ich jetzt auch still.

## Was ich mir wünsche

Werde niemals konkurrieren,
dich bestimmt nicht korrumpieren,
oder gar klassifizieren
und schon gar nicht analysieren.

Will mich niemals mit dir streiten
alten Trouble aufbereiten.
Will dich lieber lieb begleiten,
überhaupt nicht mit dir fighten.

Will dich niemals unterdrücken
mich mit deinen Federn schmücken.
Will dich niemals bös' ankrücken,
deine Meinung fies zerpflücken.

Nie die Sippschaft arg umgarnen
mich verstellen oder tarnen.
Niemals unken, Schlimmes ahnen,
hinter deinem Rücken planen

Deine Rechte nicht beschneiden
und Vergleiche lieber meiden.
Dir nicht irgendwas verleiden.
Will, dass wir uns unterscheiden.

Darum komme einfach her,
mach es mir doch nicht so schwer!
Alles was ich gerne wär':
Dein Lieb zu sein das wünscht' ich sehr.


## Besitzlos glücklich

Wir müssen nichts besitzen,
wir haben doch ganz viel.
Selbst wenn ich dich nicht sehe
bist du bei mir
und ich bin bei dir.

Und wenn wir eines Tages richtig alt sind,
so richtig alt und klapperig, meine ich,
dann stützen wir uns eben gegenseitig.
Und wenn dir deine Welt zur Last wird,
so trage ich sie für dich.
So wie du es für mich tun würdest.

## Warum gerade du

Du fragst: Warum denn gerade ich?
Die Antwort ist so leicht für mich.

Weil Du es bist, der Liebe gibt.
Nach zwanzig Jahren noch verliebt.
Mich Frau sein lässt, was glücklich macht.
Wir teilen Tag und dunkle Nacht.

Vom Lachen Fältchen im Gesicht,
bist attraktiv und weißt es nicht.
Und wenn du lächelst oder lachst,
dann werden mir die Beine schwach.
Weil deine Lippen lockend schimmern,
und mich an Wollust stets erinnern.

Am Morgen sind die Augen grau,
ein stiller See im frühen Tau.
Im dem ich mich zu gerne sehe
und mit dir auf die Reise gehe.
Gemeinsamen Genuss erleben.
Zusammen in den Wolken schweben.

Das abends könnt' ich mich verlieren.
Dein Blick lässt mich vor Lust vibrieren,
der vor Begehren, Liebe sprüht,
bis meine Haut vor Wollust glüht.

Und darum gibt es auch für mich
für immer -ewig nur noch dich.


*Fantasien*


Ich mag sie,
deine warmen Hände,
wenn sie meinen Körper erkunden,
mich wohlig erschauern lassen.
Ich mag sie,
deine zärtlichen Hände.

Schließe die Augen,
bilde mir ein,
dass es deine sind,
die zart streicheln
und nicht meine.

## Wenn ich an dich denke

Wenn ich an dich denke,
so wird es um mich still.
Dann spüre ich dich nah bei mir.
Es kommt mir vor, als wärest du hier
und sind wir auch getrennt.

Wenn ich an dich denke,
seh' ich dein Strahlen nur für mich.
Und träume einen Augenblick,
von unserem kleinen Stückchen Glück,
wo immer ich auch bin.

Wenn ich an dich denke,
stelle ich mir vieles vor.
Wie du an deinem Schreibtisch sitzt,
verträumt in weite Ferne blickst,
wo immer du auch bist.

Und wenn Gedanken sich begegnen,
sie Hand in Hand auf Wolken gehen,
dann himmeln sie sich maßlos an
und küssen sich so dann und wann,
wo immer sie auch sind.

Wir träumen uns in Sommernächte,
mit Kerzenlicht und rotem Wein.
Wenn dann die Blicke Mondlicht tragen,
will ich mich auf dein Kissen wagen,
wo immer es auch ist.

## Vom Festhalten

Ich möchte doch nur,
dass du mich auffängst
und hältst.
Ganz sanft.
Denn was man zu sehr festhält,
das zerbricht.

## Unser Glücksgarten

Zuerst, da war es nur ein Traum,
wir gaben unserer Sehnsucht Raum.
Und trotz vorhandener Distanz
hab' ich uns diesen Traum gepflanzt.

Hab' uns versprochen ihn zu pflegen,
ihn zu beschützen und zu hegen.
Egal, ob Stürme wütend wüten,
dies Pflänzchen wollte ich behüten.

Das macht mich stark, ich wachse mit.
Vertrauen kommt mit jedem Schritt.
Ich nehme zaghaft deine Hand,
mit dir hat unser Traum Bestand.

Wir finden uns und Stück für Stück
wird er real, der Traum vom Glück.
Komm mit, ich kann es kaum erwarten
Ihn zu bestellen, unseren Garten.

## Karussell

Es dreht das Liebeskarussell
sich manchmal langsam oder schnell.
Und wenn es sich zu arg verdreht,
weiß Mensch nicht, wo der Kopf ihm steht.

Ob Männlein, Weiblein, groß und klein,
der Schwindel holt sie alle ein.
So kreist der Homo Sapiens
oft wirr herum, doch wenigstens
lässt das Gefühl ihn Leben spüren,
manchmal die Contenance verlieren.
Das Blut steigt ihm in alle Glieder
der Coolste kennt sich selbst nicht wieder.

Indes der Mensch im Kreis sich dreht,
im Taumel gar nix mehr versteht,
zieht Mutter Erde ihre Runden.
Mir scheint, sie hat sich selbst gefunden.

Sie kreist gemächlich immer weiter
mir ist, als lächelte sie heiter.

## *Jeden Abend*

Jeden Abend,
wenn die Sonne untergeht,
breche ich noch schnell
einen Sonnenstrahl ab.

So finde ich
in der Nacht
den Weg zu dir
und wir lieben uns
auf samtenen Laken.

Irgendwann,
wenn sie alle
abgebrochen sind,
fällt bestimmt der Himmel herunter.
Dann können wir uns
in die Wolken kuscheln
und uns lieben.

## Rotweinträume

Wie gern wäre ich
wieder am Mont-Martre.
Zusammen mit Dir.
Den Künstlern
auf dem Place du Tertre
über die Schulter schauen.
Oder den singenden Gondolieri
an der Rialto Brücke lauschen,
im wortlosen Einvernehmen.
Zwischen orientalischen Düften
hin zu den Basar Händlern
in Istanbul.
Würde gern an die Copacabana
zu den Samba Königinnen,
nackte Haut,
heiße Rhythmen
erleben.
Glastonburry Abbey,
noch einmal Stille spüren,
Ewigkeit erahnen,
Hand in Hand.
Es zieht mich
zu einsamen Stränden,
bretonische Fischer
auf rauer See
von klagenden Möwenschwärmen umgeben.

Shanghais bunte Lichter.
Sie blinken nur für uns.
Wunder im Reich der Mitte.


Doch am Abend,
wenn die Sonne sich der Nacht überlässt,
möchte ich das allerletzte Glas Rotwein
mit dir ganz allein trinken.


*Nothing more than feelings*

Deine Lippen
auf den meinen,
deine Hände
auf meinem Körper.
Berührende Berührungen,
so nah - doch so weit.
Bitte lass mich dich sehen,
so, wie du bist.
Voller Liebe,
denn dafür liebe ich dich.

## Szenen

Gestern Nacht
streichelte ich
im Licht des Vollmondes
schlafwarme Haut.
Heute Morgen
frühstückten wir zuerst,
kosteten,
probierten voneinander,
spielerisch.
Und danach lachend.
Wir fühlten uns ganz leicht.

Kommst du morgen wieder?


## Nicht mit dir schlafen

Man sagt ich will mit dir schlafen.
Doch das ist es nicht was ich will.
Ich will wach sein mit dir, Nähe spüren.
Dich immer wieder neu erforschen.
Dich atmen und erleben.
Ich will mit dir wach sein …
Dann will ich mit dir schlafen.

## Start in den Tag

Jeden Morgen
schaue ich in dein Gesicht,
lachende Augen, so voller Liebe.
Jeden Morgen
höre ich deine Stimme,
dein Morgengruß, geflüsterte Zärtlichkeit.
Jeden Morgen
Kaffeegespräche voller Lachen.
Ein wundervoller Start,
jeden Tag in den Tag.


## Gedankenkreisel

Gibt es verschiedene Arten von Liebe?
Welcher Art ist wohl die meinige?

Wäre es eine trotz - Liebe,
so liebte ich dich trotz allem.
Oder eine eben - Liebe,
so liebte ich dich, weil du eben du bist.
Doch wäre es eine Liebe - weil,
so liebte ich dich, weil ich dich liebe.

*Es gibt keine Garantien*

Hoch gekommen, tief gefallen,
viel zu oft zum Depp gemacht.
Haben niemals aufgegeben,
jeden Kummer weggelacht.

Haben uns in jeder Krise
einander schützend aufgestellt.
Gingen Hand in Hand gemeinsam
über manches Minenfeld.

Leben, lieben und wir streiten,
wissen, wo der Kummer wohnt.
Tragen Narben, die uns sagen,
dass das Kämpfen meistens lohnt.

Es gibt keine Garantien,
auf den nächsten Tag mit dir,
doch wenn du es wirklich möchtest,
bleibe ich für immer hier.

### Ist es Liebe

Ist es Liebe
Wenn ich mich
Nicht komplett fühl' ohne dich?
Immerzu nur an dich denke,
mir nach dir den Hals verrenke.

Ist es Liebe
Wenn ich träume,
keine Zeit mit dir versäume?
Neuerdings auf Wolken schwebe,
Leben wieder neu erlebe.

Ist es Liebe
Wenn ich glaube,
dass nur ich den Schlaf dir raube?
Dass du wie ich am Fenster stehst
und vor Sehnsucht fast vergehst.

Ist es Liebe
was ich spüre,
immer wenn ich dich berühre?
Bitte lass es wirklich sein,
hülle mich in Liebe ein.

## Kalt erwischt

Jetzt hat es mich doch kalt erwischt!
Ich dachte das passiert mir nicht.
Ich lasse keinen an mich ran,
weil er mich sonst verletzen kann.

Das war mein Vorsatz, doch wie oft
trifft uns das Schicksal unverhofft.
Es sagte: Du willst hier was lenken?
Ich werd' dich lehren, dich beschenken.

Jetzt sitz' ich hier,
schreib' ein Gedicht
und glaube es noch immer nicht.
Was macht das Schicksal bloß für
Sachen,
um dann nur über uns zu lachen …

## Für Valentin

Du fragst, mein lieber Valentin,
warum ich denn so glücklich bin?

Ganz klar, weil du mich auffängst, hältst,
doch keinerlei Bedingung stellst.
Weil ich mit dir so sicher bin,
mich fühl', wie eine Königin.

Den Augenblick genießen kann
und stolz bin auf den tollen Mann,
der fest an meiner Seite steht
und niemals wieder von mir geht.

Mein allerliebster Valentin,
ich weiß, warum ich glücklich bin!

## Keine Zeit

Habe keine Zeit!
Nicht zum Ausruhen,
nicht einmal zum Luftholen.
Aber immer habe ich Zeit
um an dich zu denken.

*Kopfüberglücklich*

Seit Du bei mir bist
spüre ich
was es heißt,
glücklich zu sein.

Dein Lächeln
wärmt mich
an graukalten Tagen.
Dringt bis in die Kapillaren
meiner Ängste.

Kann es endlich zulassen
Schwäche zu zeigen.
Muss mich niemals verbiegen
oder verbergen
wie ich wirklich bin.

Und ich weiß:
Am Ende des Tages
wartest du auf mich.
Bin kopfüberglücklich.

Mit mir bei dir angekommen.

## Souvenir

Ein leicht verknicktes Foto aus Paris,
vom Markt in Mailand das und dies.
Ein kleines Armband aus Dubai,
die dunklen Masken von Sal Rai.
Ein Stück der Mauer aus Berlin,
ne Zuckertüte aus dem schönen Wien.

Schon fast vergessene Erinnerung,
durch kleine Souvenirs erweckt.
Gelebte Zeit, gar manch' Geschichte,
die hinter all den Dingen steckt.

Ich denk', ich muss nicht groß erwähnen,
dass ich den Augenblick
auch ohne Souvenir
für immer in der Seele trage
denn er ist ganz gewiss
ein Teil von dir und mir.

## Tausend Momente

Als wir uns zum ersten Mal trafen
wünschte ich mir,
dass ein Moment mit Dir ewig dauern
würde.

Die Zeit hat mich gelehrt,
dass es die Vergänglichkeit ist,
die besondere Augenblicke schafft.

Nun wünsche ich mir
keine Ewigkeit mehr.
Ich möchte tausend einzelne Momente.
Denn jeder ist
eine kleine Ewigkeit für sich.
Jedoch so flüchtig,
dass ich ihn festhalten
und für immer
in meinem Herzen tragen werde.

## Nutzlose Zeit

Was bedeutet mir Zeit?
Was sind Tage,
Stunden, Minuten,
die ich nutzlos verstreichen lasse?
In denen ich dem Leben
die Chancen hinterhertrage.
Gedanken kreisen,
Nebel verhüllt die Sonne.

Ich schüttele allen Ballast ab,
konzentriere mich auf das Jetzt und Hier.
Klopfe den Staub der Gewohnheit
von meinen Kleidern.
Streife die schweren Schuhe ab.
Sofort wird mein Gang unbeschwert.

Ach,
das Glück ist harte Arbeit,
die Liebe das größte Glück.
So will ich aus deinen Küssen
das Leben schmecken,
wenn der Liebe Worte schweigen.

## Nichts mehr erklären

Ich wollte nichts mehr erklären,
mich niemandem mehr erzählen.
Vielleicht ist die Zahl der Vertrauten
endlich,
vielleicht deshalb.
Du hast Geduld gebraucht,
bis ich dich in mich blicken ließ.
Hinter der Fassade
nicht immer fröhlich,
auch nicht immer stark.
Du schriebst Stille unter meine Haut
Ruhe, Frieden
und angekommen sein.


## Klangfarben

Wenn er mich wie ER anlacht,
berührt mich dieser Klang ganz sacht.
Sie können streicheln, seine Worte,
entführen mich an Zauberorte.
Will nur seiner Stimme lauschen.
höre Seelenmeeresrauschen.

## Meine Kristallkugel

Meine Kristallkugel,
sie zeigt mir
Glück und Geborgenheit
in deinen Armen.
Liebkosungen,
dein Duft
auf meinem Kissen.
Ein Raunen nur
von Liebe und Nähe.
Wortloses Verstehen.

Sie zeigt mir
die Zukunft mit dir.
Höhen und Tiefen,
Streiten und Wiederfinden.
Tränen und Freude
nah beisammen.

Sie zeigt mir
einfach dich.

## Stille Freude

Stille Freude umfängt mich,
denn du begleitest mich
durch meinen Tag,
wo immer ich auch bin.
Mein Navi sagt: zu Hause
und meint doch nur dich.

Möchte dich bewahren, vor allem Unbill.
Behüten, wenn du es zulässt.
Beschützen, so gut ich es vermag.

## Vom Wünschen

Hätte ich einen Wunsch frei,
so wünschte ich mir
Verstehen und Verständnis.
Hätte ich einen zweiten Wunsch frei,
so wünschte ich mir Zeit
zum Lachen und traurig sein.
Hätte ich noch einen dritten Wunsch frei,
so wünschte ich mir Reden und Schweigen
im richtigen Augenblick.
Hätte ich nur einen Wunsch frei,
so wünschte ich mir Dich.

## Tu es lá

*Tu es lá.*
*Je suis amoureuse de toi depuis toujours.*
*Dans mes reves.*

Ich trug dein Bild in mir,
für eine lange Zeit.
Vermisste dich,
obwohl ich dich
doch gar nicht kannte.
Ich suchte dich
auf steinigen, verschlungenen Pfaden.
Irrte, verirrte mich.
Und war doch immer voller Hoffnung.

*Tu es lá.*
*Et avec toi la vie.*

Wir haben uns gefunden.
Mit dir ist alles leicht.
Der Weg ist ein gemeinsamer geworden.
Deine Hand in der meinen,
mein Herz an deinem,
halten und schützen wir uns,
sind nie mehr allein.

## Hätt' ich

Abendrot und Morgennebel,
Sternenhimmel hell und klar.
Bunte Wiesen, reife Felder,
Wälder grün und wunderbar.
Hätt' ich dies nie wahrgenommen,
hätte ich nur dich gesehen,
wäre ich doch trotzdem glücklich,
würde immer zu dir stehen.

Donnergrollen, Windgetöse,
Sturm, der wütend wütet, tobt.
Kinderlachen, Lieblingslieder,
Gesangverein, der lauthals probt.
Hätt' ich dieses nicht vernommen,
sondern einfach dich gehört,
sprächest du mir von der Liebe,
wäre ich von jedem Wort betört.

Glauben, hoffen, resignieren,
Kummer und Zerrissenheit,
Freudentränen, rosa Wölkchen,
Liebe, stille Heiterkeit.
Hätt' ich dieses nicht erfahren,
hätte ich nur dich erlebt,
schlief ich ein, in deinen Armen,
wüsst' ich doch, ich hab' gelebt.

*Und wenn ich gehen muss ...*

Und wenn ich gehen muss,
warum sollte ich dann trauern?
Ich fand mein zweites Ich.
Und wenn ich dich allein lassen muss,
warum sollte ich dann trauern?
Ich habe gelebt.

Trauern würde ich,
wenn wir uns nie begegnet wären.
Dann hätte ich nicht gewusst,
was Leben bedeutet.
Zusammen sind wir unschlagbar.
Ganz besondere Superhelden.
Du für mich.
Ich für dich.

Und wenn ich gehen muss,
dann träume ich mich für immer zu dir.
Und wenn ich dich verlassen muss,
dann träumst du dich für immer zu mir.

So bleiben wir zusammen,
geben uns niemals auf.
Wir beide, mein Liebster,
werden immer geborgen sein.

## *Bilderrahmen*

In meinem Herz ist Platz für einen Rahmen
und darin steckt von ihm ein Bild.
In Schönschrift schrieb ich seinen Namen
auf ein nur leicht zerknicktes Schild.

In meinem Ohr ist Raum für seine Stimme,
für jedes ach so liebe Wort.
Mein Mund schmeckt immer noch die Küsse,
das Aroma bleibt wohl ewig dort.

An meiner Hand ist Platz für seine Finger,
ich halt' ihn, wie er zu mir hält.
Wenn er mich weiterhin sanft auffängt,
so pass ich auf, dass er nicht fällt.

Dicht neben mir ist Raum für seine Liebe,
ich hoff' sie bleibt für immer hier,
und schenk' ihm für sein Herz 'nen Rahmen
mit einem kleinen Bild von mir.

## Sanftes Erwachen

Der Tag schleicht zögernd sich ins Zimmer,
bald flutet Morgenlicht den Raum.
Zwar bist du nah an meiner Seite,
doch treibst du noch in deinem Traum.

Gedanken kreisen - träge, leicht.
Der frühe Morgen lässt sie schweben.
Noch sind sie angenehm und heiter,
begierig Neues zu erleben.

Du regst dich, brummelst vor dich hin.
Bin jetzt in deinem Arm geborgen
und fühle Sicherheit und Freude,
genieße diesen Sommermorgen.

Doch dringt nach einer Atempause
das pralle Leben zu uns ein.
Ich höre Stimmgewirr und Autotüren,
und wär' doch gerne noch mit dir allein.

Verstrichen ist die Zeit der sanften Ruhe,
du scheinst es auch zu spür'n
und räkelst dich.
Du blinzelst mit verschlafenem Lächeln
und dieser Augenblick ist nur für mich.

Wie schnell vergeht die
Zeit später am Tage,
ich kuschle mich noch einmal fest an dich.
Wann wenn nicht jetzt sollt' ich dir sagen
wie gut du tust - ich liebe dich.

## Ewigkeiten

Ich will
deinen Duft inhalieren,
deinen Schweiß schmecken.
Mich an Dir fühlen,
an Dir berauschen
und wundlieben.
Für einen
Wimpernschlag
Schweben,
Ewigkeiten leben.

## Aber meine Träume schenke ich dir gern

Würde dir gern ein Lied schreiben.
Ein ganz leises,
zum Zurücklehnen und Ausruhen.
Würd' dir gern ein Bild malen.
Eins von Sonne und Meer,
zum Genießen und ruhig werden.
Ach, ich kann nicht komponieren
Und auch nicht malen.
Aber meine Träume,
die schenke ich dir gern.

## Vorsicht: Liebe

Keine Liebenden zu sein,
macht das Miteinander einfach.
Keine Verantwortung zu haben,
macht alles so leicht.

Doch wir lieben uns
und wenn ich mein Leben verlasse,
komme ich in deins,
so wie du in meinem Leben
willkommen bist.

## Vom Möchten


Möchte
dir immer
Zärtlichkeit schenken,
so viel und so wenig.
Möchte dich
loslassen,
aber
nicht fallen lassen
oder verlieren.


Möchte mich
in deine Liebe hüllen,
mich von ihr wärmen lassen
und einschlafen
mit dem Gedanken
an deine Zärtlichkeit.
Denn ohne dich
fühle ich mich
ohne mich.

## Wenn es Nacht wird

Wenn es Nacht wird,
wenn ich Ruhe finden will,
fehlst du mir so sehr.
Bilder steigen auf:
Dein Gesicht,
dein Lächeln,
deine Küsse.
Deine Hände auf meiner Haut.

Du solltest bei mir sein,
mich umarmen, liebkosen.
Mich festhalten.

Ganz dicht an deinem Herzen
komme ich zur Ruhe.
Dann träume ich
von einem Regenbogen
zwischen den Wolken,
auf dem wir spazieren gehen.

## Immer nur Du

Ich dachte
ich höre deine Stimme
im Murmeln des Wassers.

Ich glaubte
ich vernehme deine Schritte
im Platschen der Wellen.

Ich meinte
ich schmecke deinen Duft
in Gischt geschwängerter Luft.

Ich erwartete
deine Berührung zu spüren
im sanften Streicheln des Windes.

Ich vermeinte
dein Bild zu sehen
auf spiegelglatter See.

So bist du ein Teil von mir,
begleitest mich.
Wind und Wellen
erzählen immer nur
von dir.

## Vom Loslassen

Wir wussten beide,
dass es nicht leicht wird
zwischen all den Barrieren
zu balancieren,
uns gegenseitig zu stützen,
so das Gleichgewicht zu halten.

Doch wir packen das,
bleiben im Takt
unseres gemeinsamen Herzschlags.

Doch manchmal
Müssen wir uns loslassen
und ein Stück des Weges allein gehen
um uns wiederzufinden.

## Stille und Ruhe

Stille und Ruhe,
Frieden und Geborgenheit,
aufgehoben sein und getragen werden,
geben und nehmen,
lieben und geliebt werden,
du und ich.

## Bitte komm her

Bitte komm her
und rück' näher zu mir.
Schenke mir Wärme,
wann immer ich frier.

Wecke mich auf
wenn der Alptraum mich hält,
bring mich zurück
in unsere Welt.

Halte mich fest
wenn ich mich verlier,
sage mir dann:
ich gehöre zu dir.

Liebe mich auch
wenn ich mich selber hasse.
In Gedanken versunken
mich dem Blues überlasse.

Du heilst meine Seele,
der Verband ist ganz leicht.
Er besteht nur aus Liebe,
die alles erreicht.

Halte mich fest
und halt mich ruhig für verrückt.
Doch bitte komm näher
nur noch ein ganz kleines Stück.

## Kindsein

Einst sagtest du
ich wäre wie ein Kind,
weil ich an die Liebe glaubte.
Nun sagst du
ich bin erwachsen geworden.
Jetzt wünsche ich mir
das Kindsein zurück.

# Vergissmeinnicht

In der Krone meines Baumes
baut ein Vogel sich ein Nest.
Und ich bin mir ziemlich sicher,
dass er sich dort niederlässt.

In dem Blumenbeet darunter
blühen blau Vergissmeinnicht.
Und ich pflücke mir ein Sträußchen.
denn es gibt mir Zuversicht.

In mein strukturiertes Leben
hat der Zufall ihn geführt.
Hat mit Liebe mich verzaubert,
mich ein wenig irritiert.

Habe mich an ihn verloren,
trotz Vernunft und dem Verstand.
Weil in Spiegel seiner Augen,
ich mich immer wieder fand.

Doch der Vogel flog gen Süden.
Blaue Blume blüht nicht mehr.
Wo vorhin noch Leben strotzte,
ist nun alles öd und leer.

Beim Betrachten meines Gartens,
schleicht sich ein Gedanke ein.
Was, wenn er gen Süden flöge?
Ließe er mich wohl allein?

Wenn er geht, geht auch mein Leben.
Zurück bliebe ein tiefer Schmerz.
Wäre niemals mehr vollkommen,
mit ihm geht mein armes Herz.


## *Die erste Begegnung*

Die erste Begegnung mit dir
ließ mich lächeln.

Das erste Kennenlernen
ließ mich Leben spüren.

Vertrautheit
hält mich nun geborgen.

Die letzte Begegnung mit dir
wird Schweigen sei
und Dunkelheit.

## Schicksalhafte Begegnung

Ich habe lang' auf dich gewartet,
jetzt stehst du einfach so vor mir.
Bin mit manchem Mann gestartet,
doch keiner glich dem Bild dir.

Nun schlägt der Blitz direkt vom Himmel,
bin wie vom Donnerschlag gerührt.
Mein Ritter mit dem weißen Schimmel,
der mich im Hier und Jetzt entführt.

Du lächelst, scheinst mich zu erkennen,
bist ganz gebannt von meinem Blick.
Wie sollten wir uns jetzt noch trennen,
für dich und mich gibt's kein Zurück.

Es lässt sich kaum noch kontrollieren,
der Liebe kann man nicht entgehen.
Naturgewalten, die passieren,
kann nichts und niemand widerstehen.

Doch was, wenn ich mich heute irrte?
Wenn du mein Traumtyp gar nicht bist?
Wenn mich ein Trugbild bös' verwirrte,
es anders scheint, als es wohl ist?

Der Augenblick, er ist vergangen,
Wir halten unseren Blick im Zaum.
Ein bisschen bist auch du befangen.
Es war halt nur ein schöner Traum.


## Raureif

Winter streut Raureif auf meine Lippen.
Sie bleiben kalt und stumm.
Er versprach, mir immer nah zu sein.
Warum kann ich ihm nicht glauben?
Mein Herz klopft laut
an viel zu dicken Mauern.
Ich errichtete sie zum Schutz,
verbarg mich hinter ihnen
in tiefem Bedauern.
Meine Träume jedoch
tragen schwarze Dessous.

## Es könnte sein

Es könnte sein,
dass die Sehnsucht
dich träumen lässt.
Von sanften Berührungen,
Küssen.
Von Blicken voller Einverständnis
und dem Gleichklang zweier Seelen.

Es könnte sein,
dass die Sehnsucht
dich traurig macht.
Und du glaubst
diesen einen Menschen,
der für dich einzigartig ist,
der dich liebt
niemals zu finden.

Es könnte sein,
dass du weißt,
dass es ihn gibt
irgendwo.
Dass er auf dich wartet,
ungeduldig,
sehnsuchtsvoll.

Es könnte sein ...

## *Begegnung*

Über die See, mit stürmischen Wellen,
sind sie so viele Nächte gefahren,
doch jetzt ist eine besondere Nacht,
denn sie wissen, sie legen heut' an.

Die Augen versprechen,
die Lippen sie flüstern,
sie reden von Glück und Gefühl.
Vielleicht reicht es zum Festmachen nicht,
doch zum Ablegen ist es zu viel.

Der Zufall hat sie zusammengebracht
so ganz ohne Zweck und dem Ziel.
Ein Blick, ein Gefühl
hat das Feuer entfacht,
doch bleibt es nicht mehr als ein Spiel.

Es ist ganz bestimmt nicht das erste Mal,
dass ihnen so was passiert,
und wahrscheinlich auch nicht
das letzte Mal,
weder bei ihm, noch bei ihr.

Sie meinen sie würden schon ewig
sich kennen,
sie sind sich so seltsam vertraut,
als hätten sie in manch einsamer Nacht
in die Augen des anderen geschaut.

So überlegen sie nicht
und gehen ganz einfach
ins nächste beste Hotel.
Sie lieben sich im Dunkel der Nacht
und hoffen es wird nie wieder hell.

Übers Meer mit stürmischen Wellen,
sind sie zu viele Nächte gefahren.
Vielleicht war es heut'
die besondere Nacht,
die es lohnte um sie zu bewahren.

Die Augen versprachen, doch die Lippen,
sie schwiegen,
sagten nichts mehr von Glück und Gefühl.
Es reichte letztendlich
zum Festmachen nicht,
doch zum Ablegen war es zu viel.

## Bist du es wirklich?

Aus reinem Zufall seh' ich dich
und hätte dich beinahe nicht erkannt.
Wie lange ist es her? Du bist ganz grau
und schielst über den Brillenrand.

Das ich mich damals gleich verliebt hab',
das wirkt auf mich ganz plötzlich so absurd.
Versuch' die Gründe zu begreifen,
doch mein Gefühl für dich
ist wohl für immer fort.

Wie oft hab ich mich zu dir hin geträumt.
Ich kann es jetzt gar nicht mehr fassen.
Wie viele Nächte lag ich
voller Sehnsucht wach,
versuchte ganz vergeblich dich zu hassen.

Was ließ mich bloß so sehr
in dich verknallt sein?
Ich müh' mich ab um zu verstehen.
Ich muss verwirrt gewesen sein,
hab wohl nicht richtig hingesehen.

Doch manchmal denke ich zurück
an die total verrückte Zeit.
Dann lächle ich über mein dummes Herz
und keine dieser Herzschmerznächte
tut mir leid.

Das lustvoll Leiden
ließ mich vieles neu erkennen.
Dich schließlich zu vergessen
war nicht schwer.
Heut weiß ich,
solch' ein Sturm im Wasserglas,
passiert mir ganz bestimmt nicht mehr.

## Mein Universum

Versteckt hinter verschlossenen Türen.
Die Fassade glanzlos, glatt.
Habe niemanden hineingelassen,
in meine Welt.
Dann, unvermittelt,
standest du vor meiner Tür.
Hast vorsichtig angeklopft.
Ich ließ dich zögerlich ein.
Und du bist bei mir geblieben.

## Bitte komm wieder

Ich rauche mal wieder
und trinke zu viel.
Den Tag überstehen,
nur das ist mein Ziel.
Schlafen – wie geht das?
Mein Latein ist am End',
bin wie ein Zombie,
fühl indifferent.

Ein Haufen von Briefen
liegt vor meiner Tür.
Ein Haar in der Wanne
stammt tatsächlich von dir.
Du hattest wohl Gründe
und wahrscheinlich auch recht.
Mein Kopf in den Wolken,
die Witze so schlecht.

Ich lauf gegen Wände
die mit Herzen verziert.
Von dir und der Liebe
bin ich niemals kuriert.
Bitte komm wieder.
Wir sollten's probieren.
Bevor wir uns restlos
für immer verlieren.

*Wie wäre es gewesen*

Wie wär' es gewesen,
wie sähe es aus?
Ein Leben mit dir,
im spießigen Haus.

Hätt' ich Alben vom Urlaub
in unserem Schrank?
Und Fotos von uns
auf der Fensterbank?

Gedanken, sie kreisen,
doch es ist wie es ist.
Warst ja niemals ganz bei mir,
hab dich immer vermisst.

Es gab unendliche Wege,
das Wir zu gestalten.
Unendliche Gründe,
dich nicht festzuhalten.

## *Was ist geschehen ...*

Nein, das bin nicht ich,
das sieht nur so aus.
Zu viel Mascara,
provozierend rote Lippen.
Spiele Femme fatal.

Nein, das bist nicht du,
das sieht nur so aus.
Zu viel Whisky,
Zigarettenqualm.
Spielst den Macho.

Das sind nicht wir,
sind es nie gewesen.
Wann verloren wir die Unschuld?
Wann verloren wir uns?
Was ist nur geschehen?

## Vielleicht ... irgendwann

Ich stelle den Wecker
auf viertel vor acht,
denn um diese Zeit
bist du stets aufgewacht.

Ich lasse die Fotos
von dir einfach stehen.
Vielleicht nur ein Weilchen,
das muss keiner verstehen.

Ich mach' einfach weiter
als wär' gar nichts geschehen,
so als wärst du nur gerade
mal die Milch holen gehen.

Ich sehe deine Fotos,
du lächelst mich an.
Ich werd' dich vergessen,
vielleicht, irgendwann.

## Tanz auf dem Vulkan

War es das?, flüsterst du.
Ich weiß es nicht,
suche was ich in dieser Nacht
in deinen Augen las?
Wir wissen nichts voneinander.
Haben beim Tanz auf dem Vulkan
uns schon tausendfach verbrannt.
Spiel mit dem Feuer,
züngelnde Flammen,
ein kurzer Rausch,
Glück für einen Wimpernschlag.
Du löschst die Kerzen
und drehst dich zur Wand,
ich schlucke meine Tränen,
heiß wie Lava.
Deine Hand auf meiner Hüfte.
Lippen hauchen zarte Küsse
in meinen Nacken.
Zärtliche Worte,
gemurmelt.
Diese Nacht
soll nicht im Alltagsgrau versinken.
Will nicht an das Morgen denken
und verbrennen.

## Jahreszeiten des Lebens

Du sagst, du willst gehen,
mit Tränen im Blick.
Bitte bleib bei mir,
lass mich hier nicht zurück.

Komm, lehne dich an mich,
lass die Ängste heraus.
Konfrontier mich mit Wahrheit,
denn das halte ich aus.

Hinterfrag meine Liebe,
aber bitte sei fair.
Ich glaube, wir beide
machten es uns sehr schwer.

Wir wahrten Distanz,
wogen sorgfältig ab,
wussten beide, dass es
Geheimnisse gab.

Einander vertrauen,
im Prinzip ist das leicht.
Du weißt, so wie ich,
dass Zeit schnell verstreicht.

Unser Bild ist gemalt,
die Farben so satt.
Jahreszeiten des Lebens
auf dem einen Blatt.

Es erzählt eine Story,
hat uns als Signatur
und willst du es ändern,
dann zerstörst du es nur.


*Fließendes Wasser kann man nicht greifen*

Kann nicht einschlafen ohne dich.
Gedanken wandern auf leisen Sohlen
durch die Nacht.
Kann dich nicht festhalten.
Fließendes Wasser kann man nicht greifen.
Es umschmeichelt
und entzieht sich gleichermaßen.

Ist nur so ein Gedanke,
den die Nacht bringt,
die mit sanfter Schwermut
die Grenzen zwischen Vorstellung
und Realität verschwimmen lässt.

## *Manchmal leben wir Geschichten*

Manchmal leben wir Geschichten,
die wir selbst gar nicht erlebt.
Graben nach den großen Schätzen,
die ein anderer für uns hebt.

Sind wie Bilder auf der Straße,
die im Regen schnell vergehen.
Gestern in den schönsten Farben,
heute nur noch schwach zu sehen.

Lieben ab und zu den Falschen,
denn er liebt uns nicht zurück.
Und das Glück nicht mehr zu suchen,
ist für uns ein großes Glück.

*Sicher?*

Sie waren einander so sicher,
dachten nicht an die Gefahr.
Glaubten an ewig, für immer,
plötzlich schien nichts, wie es war.

Mit einem Mal waren sie Fremde,
erkannten einander nicht mehr.
Sehnten sich nach dem Vertrauten;
suchten, bemühten sich sehr.

Doch ach, je mehr sie sich mühten,
entfernten sie sich von einand',
denn die Herzen, sie wurden ganz eisig
und zurück blieb der kühle Verstand.

So analysierten sie fleißig,
warum und weshalb es passiert'.
Begannen Gefühle zu messen
und hatten doch gar nichts kapiert.

## Die große Liebe

Mit jeder neuen Liebe,
da machen wir's uns schwer.
Auch, weil wir ständig denken
dass es die letzte Liebe wär'.

Ein riesiges für immer
ins Leben eingeritzt.
Wir haben keinen Schimmer
dass nichts bleibt wie es ist.

Von Liebe, die wir leben,
da nehmen wir 'was mit.
Ein Duft, ein Kuss, ein Lächeln,
vielleicht ein harter Schnitt.

Gefühle, die wir finden,
sie haben stark gemacht.
Ein neues Stückchen Leben,
das uns das Glück gebracht.

Kommt bald die letzte Liebe,
der große Neubeginn?
Doch wie ich mich so kenne,
ist's ein paar Lieben hin.

## Das mit uns

Mein Kopf ist frei,
hab' die Regale leergeräumt.
Es fühlt sich eigenartig an,
die Träume ausgeträumt.

Am Ende war es easy,
ging einfach so vorbei.
Kein Zanken oder Streiten,
kein Zorn und groß' Geschrei.

Geh' jetzt den Weg alleine,
lauf dir nicht hinterher.
Ein Wiedersehen unmöglich.
Der Schritt, er fällt nicht schwer.

Ich kenn' dich zur Genüge,
und weiß, in deinem Arm
hältst du schon seit 'ner Weile
'ne neue Lady warm.

*Träume*

Ich träumte davon,
dass mir die Liebe begegnet wäre.
Ich träumte davon,
dass sie lebenswert wäre, diese Liebe.

Ich träumte
von der Magie des Augenblicks,
dem Glück für immer.
Auch vom Zuhören und Verstehen
träumte ich.
Davon, ganz ich sein zu können.

Ich träumte davon
gehalten zu werde
und getröstet
in all den dunklen Stunden.

Wann bin ich nur aufgewacht?

## Glaube, Hoffnung, Liebe

Gestern glaubten wir an die Liebe.
Dass uns nichts trennen kann.
Hatten ein für immer.

Heute sitzen uns gegenüber,
Blicke vermeidend.
Sind weit voneinander entfernt.
Haben alle Worte aufgebraucht.

Das Schweigen dehnt sich,
umhüllt uns grau.
Verharren in Lautlosigkeit, Starre.

Reden wäre einfach,
doch wer soll anfangen?
Es wäre ein neuer Beginn,
der Anstoß,
auf den wir beide warten.

Ich würde dich so gern berühren,
Worte der Liebe flüstern.
Ich kann es nicht ...

## Bild von dir

Ich liebte einst ein Bild von dir.
Hab' lange nicht gesehen,
was deutlich mir vor Augen stand,
wie konnte das geschehen?

Ich liebte einst ein Bild von dir,
hab schmerzvoll jetzt erkannt,
wie schnell die Illusion vergeht,
wenn Wahrheit sie genannt.

Ich liebte einst ein Bild von dir
und sehe endlich klar,
dass der, der du in Wahrheit bist
für mich nicht liebenswert mehr ist.


## Freier Fall

Wieder versinkst du in deiner Traurigkeit.
Fällst bis zum Grund des Tränenmeeres.
Und dabei träumten wir uns einmal
mit weißen Segeln
auf das Meer der Glückseligkeit.

## Gelöschter Kontakt

Hab' meine ganze Kraft verbraucht,
bei dem Gedanken dich zu hassen.
Mich so gequält bei dem Versuch
dich endlich gänzlich loszulassen.

Hab' jeglichen Kontakt gelöscht,
und dich vorhin noch weggedrückt.
Und im sozialen Netzwerk
‚gefällt mir nicht'
wohl hundert Mal geklickt.

Dein Foto nervte mich so sehr,
ich hab' es einfach mal zerrissen
und den nicht abgeholten Krempel
ganz kurzentschlossen weggeschmissen.

Ich kann auch wieder schlafen,
hab die Erinnerungen weggesperrt.
Und meine dunklen Nächte
sind fast schon wieder unbeschwert.

Die Narben, die zurückgeblieben,
ich hab' sie super überschminkt,
Und was noch von mir übrig blieb,
ist wieder neu mit mir verlinkt.

Ich bin zurück auf Los,
bereit noch einmal abzuheben.
Doch irgendwo in meinem Herzen,
wird es dich für mich für immer geben.


## Konkurrenz

Gestern schenkte ich dir
den heutigen Tag,
als eine gelungene Überraschung.
Wir genossen ihn
vom Sonnenaufgang
bis in die Nacht.

Doch morgen,
das sagt mir ein Gefühl,
hast du wieder
so einen Genießertag.
Haben ich und mein Tag
etwa
Konkurrenz bekommen?

## Fast hält länger

Er war der Richtige für sie.
Sie hatte ständig weiche Knie,
wenn er die Zeit mit ihr verbracht.
Dann schließlich blieb er über Nacht.

Mit ihm war alles luftig leicht,
das große Glück schien nun erreicht.
So ging es fast ein ganzes Jahr.
Sie waren das perfekte Paar.

Doch plötzlich eines Tages dann,
ging er einfach nicht mehr ran.
War für sie nicht mehr zu sprechen.
Das Herz, es schien ihr zu zerbrechen.

Und niemals hat sie es erfahren,
was denn seine Gründe waren.
Nie gab es einen klaren Schluss,
kein Wort und keinen Abschiedskuss.

Und weil's nicht auseinander ging,
kriegt sie den Absprung auch nicht hin.
Von Liebe bleibt ein kleiner Rest,
denn fast hält länger oft als fest.

*Ich wusste nichts …*

Glaubte zu wissen,
wie es sich anfühlt,
das Vermissen.
Ich wusste nichts.

Wie schlimm es ist,
wenn du nicht bei mir bist.
Das ahnte ich nicht.
Alles verändert sich.

Allein durch dich.

## Alles gesagt

Ich will nicht mehr reden!
Alles ist gesagt.
Viel mehr als uns gut tat.
Die Nacht zieht auf.
Sie ist verschwiegen,
wird mit ihrer Finsternis
meinen Schmerz,
meine Sehnsucht bedecken.

Der Morgen dämmert,
zögerlich erst,
doch nicht mehr aufzuhalten.
In seinem Glanz
wagt sich mein Herz
dem Verstand aufzuzeigen,
wie wenig er die Liebe versteht.

Der Verstand sagt:
Wie kann man sich für die Liebe
entscheiden,
sie ist ein unsicheres Ding.
Das Herz antwortet:
Sie ist wankelmütig, kommt und geht,
doch manchmal
entschließt sie sich dazu,
zu bleiben.

## Der Weg

Sie fanden sich,
liebten sich behutsam,
mit immer größerem Entzücken,
konnten ohne einander nicht leben
und gingen den Weg gemeinsam.

Dann plötzlich,
im täglichen Allerlei,
verloren sie sich,
verirrten sich im Dickicht,
kamen von Wege ab.

Sie fanden sich erneut,
liebten sich noch.
Konnten ohne einander nicht leben
und der Weg
wurde wieder ein gemeinsamer.

## Diashow

Bilder ziehen vorbei,
Diashow des gemeinsamen Lebens.
Lass sie uns anhalten, sage ich,
verweilen in unserem Sommer,
wieder Glück
zwischen den Sandbänken spüren.
Nur Sätze sagen, die wir so meinen.
Du nickst,
schenkst mir dein Lächeln.
Gestern hat es geregnet,
vielleicht scheint morgen die Sonne.

## Sommerglück

Wir atmeten den Sommer,
ließen unsere Hoffnungen
von der Flut aufs Meer tragen.
Du sagtest, dass ich dein Halt bin
im tosenden Ozean des Lebens.
Momente des Glücks.
Begreifen,
dass da immer noch dieses Feuer ist.
Zuweilen nur eine Flamme,
doch immer noch wärmt es uns.

## Noch immer

Noch immer
habe ich Schmetterlinge im Bauch,
wenn ich an dich denke.

Mein verrücktes Herz
hüpft und schlägt purzelbäumig
im Takt der Liebe.

Seit ich dich kenne
jagen meine Gedanken im Kopf herum
wie wilde Wirbelwinde.

Wo ist nur meine Ruhe,
wo meine Lässigkeit?
Was hast du mit mir gemacht?

Du hast mir doch nur eine Sekunde
in die Augen gesehen.
Von diesem Augenblick an
habe ich mich an dich verloren.

## *Du bist*

Du bist mein Ruhepunkt, mein Lotse.
Bist Kompass mir und Rettungsboot.
Bist Leuchtturm, Wind in meinen Segeln.
Mein Horizont im Abendrot.

Verbiegen wir die Längengrade
und legen an in fremdem Land.
Entdecken miteinander Welten
und ruhen aus am Palmenstrand.

Ein jeder Tag bringt Abenteuer.
Ich bin bei dir, weil ich es will.
Erlebe kostbare Momente
und wollt' die Zeit, sie stünde still

Es gibt so manche Turbulenzen,
wir tauchen ganz ins Leben ein.
Ich folgte dir durch alle Wetter
und will für immer bei dir sein.

## Summer Feeling

Deine Lippen
schmeckten nach Schokoladeneis.
Wir lagen im Sand,
lachten, zählten Wattewolken.
Später zogen wir mit den Schiffen
auf das Meer.
Zeichneten mit dem Fingern
Muster ins Wasser.
Gewannen Abstand vom festen Land.
Erreichten den Horizont
und waren frei.


## Wunschtraum

In den Dünen liegen,
Wolkenbildergeschichten erzählen.
Der Brandung trotzen,
Wellenspritzer auf der Haut fühlen.
Der warmen Brise entgegenlaufen,
sich das Haar zerzausen lassen.
Egal ob Sonne, Meer oder Wind.
Hauptsache,
wir erlebe alles zusammen.

## Das Schiff zum Glück

Wage ich den Blick zurück,
dann sehe ich mein Schiff zum Glück.
Wie es durch seichte Strömung glitt,
doch manchmal fast den Bruch erlitt.

Hab' Segel in den Wind gesetzt,
so manches ganz falsch eingeschätzt.
Gab oft das Ruder aus den Händen
und landete an falschen Stränden.

Auch mal ne Kogge aufgebracht,
aus manchem Du ein Wir gemacht.
Vor lauter Liebe oft gedacht,
dass nur ein Partner glücklich macht.

Doch irgendwann hab' ich erkannt:
das Schiff zum Glück ist unbemannt.
Ich muss es für mich selbst nur lenken,
dann wird es mir die Liebe schenken.

## *Plötzlich ist es Herbst geworden*

Plötzlich ist es Herbst geworden,
auch für uns, my Love.
Es ist nicht immer rund gelaufen.
Nach all den Jahren
ist das auch zu viel verlangt.

Es war auf unserer gemeinsamen Fahrt
oft kein Airbag vorhanden,
manchmal nicht einmal eine Leitplanke.
Und Garantien, gibt Dir keiner,
wie Du weißt.

Wir lernten,
dass es bergab rasant vorwärts geht,
wussten beide oft nicht wo es lang geht.
Jetzt wissen wir's – und sogar wie.
Denn wir haben nicht nur gelernt,
uns auf einander zu verlassen,
sondern auch,
dass wir ohne einander unvollständig sind.
Und dass die Liebe ein zerbrechliches Ding
ist, dass es zu behüten gilt.

Von mir aus
kann der Winter irgendwann kommen.
Wir werden uns einfach aneinander wärmen.
Aber er soll sich ruhig Zeit lassen,
schließlich gilt es erst einmal
den bunten Herbst zu durchleben.
Und wie ich uns kenne, werden wir dabei
eine Menge Blätter aufwirbeln
– einfach aus Spaß am Leben.

## Einmal rund herum

Wie sehr liebst du mich?, frage ich.
Sehr, sagst du.
Wie sehr?
Na eben riesig sehr.
So sehr wie einmal um den Äquator?
Mindestens.
Aber was ist, wenn du einmal rund herum
bist, um den Äquator?
Du lächelst.
Dann nehme ich dich bei der Hand
und wir fliegen zusammen zu den Sternen,
in die Unendlichkeit.

## Bin nicht mehr jung

Bin nicht mehr jung und noch nicht alt.
Das Herz, es ist noch lang' nicht kalt.
Und fröstelt es mich dann und wann,
so brauch' ich immer noch 'nen Mann.
Der mich erwärmt, zum Glühen bringt,
sodass die Welt um uns versinkt.

Bin nicht mehr jung und doch nicht alt,
ich flirte mild, nicht mit Gewalt.
Denn Frau lernt Spreu
vom Weizen trennen,
weiß, was sie will, kann es benennen.
Weiß was sie will und lieber lässt,
verzichtet auf so manchen Test.

Bin nicht mehr jung und doch nicht alt,
fühl' mich noch immer wohlgestalt.
Bei schummerig gedämmtem Licht,
sieht man die meisten Fältchen nicht.
Und die sind sowieso vom Lachen
und von so vielem Unsinn machen.

Beweg' mich irgendwie dazwischen,
die Grenzen scheinen zu verwischen.
Ich bin gerade auf der halben Strecke
von Teddybär und Rheumadecke.
Der erste Kuss ist kaum vorbei,
schon brauch ich Blutdruck Arzenei.

Doch möcht' ich gar nicht jünger sein
und plagt mich mal das Zipperlein,
so denk' ich d'ran, wie ich gelitten,
als mir der erste Freund entglitten.
Gelassenheit und Sicherheit,
die lernt Frau halt erst mit der Zeit...

## *Die Unruh' in der Seele*

Regendunkler Himmel
erstickt das Sommerblau.
Gedanken kreisen träge,
Gefühle müd' und grau.

Bin wieder ein Jahr älter.
Und weiser? Kommt drauf an.
Auch wenn ich es so wollte,
ich ändert' nichts daran.

Das Alter macht gelassen
und demütiger sogar.
Die lange Lebensstrecke
ist heilsam, offenbar.

Und eigentlich läuft's super,
ich sollte dankbar sein.
Fall' nur in Härtefällen
noch auf mich selbst herein.

Doch gibt es noch die Unruh',
sie lebt in mir, ganz klar.
Nach all den vielen Jahren
ist's schön und sonderbar.

Bin noch nicht angekommen!
Steh' zwischen Start und Ziel.
Will leben und erleben
und davon möglichst viel.

Nach all den Lebensjahren
Die Unruh' im Gemüt.
Das Feuer lodert weiter,
ist lang noch nicht verglüht.

So lass dich mit mir treiben,
wer weiß, wohin es geht
Für's Lebensabenteuer,
ist es doch nie zu spät.

# Mein letzter Wille

In Erwartung des Momentes,
den man Gott sei Dank nicht kennt,
sitze ich vor leeren Blättern
schreib' ein Wort nur: Testament.
Dieses ist mein letzter Wille,
trotzdem weiß ich ganz gewiss,
dass der Wunsch,
den ich hier aufschreib'
nicht mein allerletzter ist.
Kommt es doch zum Fall der Fälle
wäre dies' Papier bereit.
Würd' mich leise seufzend fügen,
doch es tät mir richtig leid!

Was an irdischen Gütern mein ist,
Klüngelkram und Hund und Haus,
das vererb' ich dir, mein Liebster,
denn du machst das Beste d'raus.
Und erscheinen dir die Räume
plötzlich viel zu kahl und leer,
kehre alle dem den Rücken
denn wir brauchen es nicht mehr.
Lebe weiter unsere Träume,

sie sind bei dir in guter Hand.
Du, den ich so sehr geliebt hab',
wie ich es nun mal verstand.

Meine Verse und Geschichten
sind und waren immer dein.
Mach mit ihnen was du möchtest,
das wird dann schon richtig sein.
Danke dir für deine Liebe,
für die Treue ohnehin.
Ich weiß, dass du mich mehr
geliebt hast,
als ich es vielleicht verdien'.
Warst Vertrauter und Geliebter,
Freund und Kumpel beides gleich,
gabst mir Sicherheit und Wärme.
Durch dich war mein Leben reich.

Ach, da fällt mir auf die Schnelle
Noch was Wichtiges grade ein:
In den Tiefen unseres Kellers
schlummert mancher gute Wein.
Den vermach' ich euch, ihr Freunde,
die ihr ihn zu schätzen wisst.
Leert die Flaschen auf mein Leben,

das ja nun zu Ende ist.
Gerne schau ich von dort oben
(oder unten ;o) ).
Eure Freude ist mein Trost.
Ich hätt' gerne mitgetrunken,
leider wird's nix - na dann ‚Prost'.


So, mein Nachlass ist geregelt,
klaren Kopfes, ohne Hast.
Was ich immer sagen wollte
hab ich nun ins Wort gefasst.
Dieses ist mein letzter Wille,
trotzdem weiß ich ganz gewiss,
dass der Wunsch,
den ich hier aufschreib'
nicht mein allerletzter ist.
Wär er es doch, so will ich frei sein.
Asche, die das Meer aufnimmt.


Und im nächsten, neuen Leben
finden wir uns ganz bestimmt!

Angie Pfeiffer schreibt Unterhaltungsliteratur in Form von Romanen und Kurzgeschichten für Erwachsene sowie Kinderbücher. Sie hat Romane, E-Books und zahlreiche Kurzgeschichten und Gedichte in Anthologien, Literaturzeitschriften und der Tagespresse veröffentlicht.

# Weitere Bücher von Angie Pfeiffer:

### Ich kauf mir morgen einen Hund
Gedichte zum Schmunzeln
Verrückt, verschmitzt und überraschen sind
die Pointen.
Ein Gedichtband der uns eine Auszeit vom
Alltag bietet.

### Nur wer fällt, kann fliegen lernen
Roman
Tim wünscht sich nichts sehnlicher, als eine
ganz normale Beziehung. Das ist leichter ge-
sagt als getan, denn irgendwie gerät er immer
an die falschen Frauen ...

### Leben lernen
Roman

### Ruhrpottklüngel
Roman
Kindheit und Jugend im Herzen des Ruhrge-
biets

**Ruhrpott Pärchen**
Roman
Leben und lieben zwischen Emscher und
Rhein-Herne-Kanal


**Ruhrpottherzen**
Roman
Ein Buch über Macker und Tussis, Döppken
und Blagen, Hallas und Halligalli, Fissematen-
ten, Sperenzkesund ein ganz schönes Schla-
massel.


**Ruhrpottabschied**
Roman
Männersuche per Internet


**Liebesbriefe**
Briefe für ganz besondere Menschen


**@Mail Verkehr**
Roman
Eine humorvolle Liebesgeschichte in E-Mail
Form

**Relativ verliebt - Liebe online**
Roman
Liebe per Internet


**Wie lange ist für immer?**
Kurzgeschichten
Romantisch, komisch, tragisch, lustig, gefühl-
voll oder hart an der Grenze – in diesem Buch
sind 66 Kurzgeschichten rund um das Thema
Liebe.


**Das Buch des Lebens**
Gedichte, Gedanken, kurze Texte


**Dackel Murphys Abenteuer**
Roman
Ein Buch für große und kleine Tierfreunde


**Ein Dackel namens Murphy**
Roman
Ein Buch für Dackelfans, Hundefreunde, Kat-
zenliebhaber und tierliebe Menschen

**Ein Dackel kommt selten allein**
Heitere Kurzgeschichten für Hundefreunde


**Insel über dem Wind**
Kurzgeschichten
Spannende, wissenswerte und amüsante
Kurzgeschichten rund um das Verreisen
**Sieben Leben**
Kurzgeschichten
Mörderische Krimis


**Menschen(s)kinder**
Kurzgeschichten
Werden sie denn nie erwachsen?


**Küsse niemals einen Frosch**
Kurzgeschichten
Märchen für Erwachsene